„Na, wo drückt der Schuh?"

Gemeinsame oder getrennte Wege--
Stell Dir die richtigen Fragen

Eva Maria Wolf

ISBN: 1523935251
ISBN-13: 978-1523935253

Eva Maria Wolf, Jahrgang 1963, Diplom Psychologin, Heilpraktikerin (Psychotherapie), Mediatorin & Hypnosecoach arbeitet nun schon seit fast zwanzig Jahren mit Familien, Paaren und Einzelpersonen. Dabei nutzt sie zahlreiche Methoden aus den verschiedensten therapeutischen Ansätzen. Besonders hilfreich findet sie die inneren Bildern, die beim Erzählen von Geschichten in fast jedem Menschen entstehen

Die Autorin lebt gemeinsam mit ihren zwei Söhnen, einer großen, schwarzen, bellenden Biomüllverwertungsanlage und natürlich mit Krümel, einem ganz besonderen Holzpüppchen, in ihrem kleinen Häuschen am Rhein, in nächster Nachbarschaft zu ihren Freunden, ein paar Kampfschafen und einer Heerschar von engagierten Hundebesitzern. Und wenn sie nicht gestorben ist, so lebt sie da noch heute.

Wer mehr erfahren möchte: www.evamariawolf.de

„Das Wichtigste ist, dass man
nicht aufhört zu fragen."

Mit diesen Worten machte Albert
Einstein einem jungen Studenten Mut

INHALT

1 STATT EINES VORWORTS:

SCHON WIEDER EIN BEZIEHUNGS-RATGEBER?

Hallo Leute,

ich bin Krümel, `ne hübsche kleine Holzpuppe, aber Eva meint, ich sei irgend so ein Persönlichkeitsanteil von ihr. Ich versteh so `nen Quatsch nicht. Also wenn`s Euch interessieren sollte, was oder wer ich nun mal genau bin, könnt Ihr sie fragen. Sie liebt es, lange Monologe zu halten, hihi. Auf alle Fälle darf ich das Vorwort schreiben, und da redet sie mir nicht rein.

Also die Eva schreibt am liebsten abends, chaotisch wie sie nun mal ist (sie nennt sich wider besseren Wissens „multitasking" fähig) zwischen Krisengesprächen mit ihren teils erwachsenen Kindern, (ich würde ja das Wörtchen „teils" durch „eigentlich" ersetzen, hihi), Kochen nach Gefühl (da täuscht sich ihr Gefühl leider öfters mal), Krimis lesend und sonstigem Krimskrams. Hinzu kommen dann noch ein bis zehn Besucher. Freunde von ihr oder ihren Jungs, die sich trotz oder vielleicht wegen ihres Chaos, immer gerne mal bei ihr einfinden. Wenn sie Frau Psychologin dann

1

schreibend vorfinden und über die Schulter schauen, muss die sich dann schon so den einen oder anderen bissigen Kommentar anhören. Warum sie denn „so `nen abgedrehten Driss" schreiben müsse (das sagen die Jüngeren). Oder warum gerade sie, wo sie doch selbst schon eine Ehe hinter sich habe (das sagen die Älteren). Also auch nicht die Expertin für Lebenszeitbeziehung sein könne, soll das implizit wohl bedeuten. Sie versucht sich dann aus der Affäre zu ziehen, indem sie nicht müde wird zu betonen, dass sie eben nicht gedenke, einen weiteren Ratgeber zu schreiben.

Es gebe da eine Vielzahl guter Kolleginnen und Kollegen, die davon mehr Ahnung hätten und das viel besser könnten. Nein, ihre Absicht sei es, Menschen zu helfen, sich die richtigen Fragen zu stellen, so dass sie sich nicht aus den falschen Gründen trennen oder zusammen bleiben. Hört sich gut an, nicht? Sie hat da bestimmt aber auch noch andere, weniger uneigennützige Gründe. Sie hört sich nämlich einfach selbst gerne reden, und das kann sie ja in so `nem Buch ununterbrochen

Aber egal weshalb und warum sie das nun macht:

Ich wünsche Euch viel Spaß beim Lesen und ich sorge schon dafür, dass es nicht langweilig wird

Eure Krümel

Ein weiterer Grund, den Krümel nicht erwähnt hat, warum ich gerne dieses Büchlein schreiben will, zeigt ein Blick in die Statistik. Das Thema Trennung ist bei Paaren nämlich ein Dauerbrenner, egal welchen Alters und welcher gesellschaftlichen Schicht

So wurden 2014 in Deutschland rund 166 200 Ehen geschieden. Und hochgerechnet auf der Basis der derzeitigen Scheidungsverhältnisse werden etwa 35 % aller in einem Jahr geschlossenen Ehen im Laufe der kommenden 25 Jahre noch geschieden werden (Statistika ©). Eine Statistik zur Trennungsrate nicht verheirateter Paare liegt mir nicht vor. Es ist jedoch anzunehmen, dass diese sehr ähnliche Raten aufweisen wird. Einer britischen Studie zufolge tritt das durchschnittliche Beziehungsende heutzutage bereits nach 2 Jahren und 9 Monaten ein. Und (fast) immer gehen diese Trennungen einher mit viel Herzeleid, mit Tränen, Wut, Trauer oder Verbitterung und, besonders wenn auch Kinder betroffen sind, kommt es gar nicht mal selten zu seelischen Verletzungen, deren Wunden noch nach Jahren schmerzen.

Dieser doch bemerkenswert hohen Trennungsrate stehen das Bedürfnis und die Bereitschaft der überwältigenden Mehrzahl der Bundesbürger gegenüber, sich dauerhaft zu binden. In einer Umfrage im Auftrag des Statistischen Bundesamtes vom Jahr 2013 „Was sind für Sie gute Gründe zu heiraten" gaben nur 5% der Befragten an, dass sie niemals heiraten würden. Für 64% war der wichtigste Grund: "Um meinem Partner/meiner Partnerin vor Zeugen meine Liebe zu versprechen."

Dass der Wunsch und die Bereitschaft nach dem Erleben einer Partnerschaft sehr hoch sind, zeigt auch die wachsende Zahl der Mitglieder von Online-Partnerbörsen. Waren im Jahr 2003 „nur" 9,7 Millionen Bundesbürger in einem Online-Dating Portal gemeldet, so waren es im Jahr 2009 bereits 61 Millionen (Statistika ©).

Ein Buch für Paare in Krisen- oder Trennungssituationen zu schreiben, lag also nahe, wenn man bedenkt, wie hoch die Zahl der potentiellen Leser ist.

Ich möchte mit diesem Buch aber nicht

unbedingt eine hohe Auflage erzielen (was mir zwar ungemein schmeicheln und meinen Finanzhaushalt sanieren würde, was aber äußerst unwahrscheinlich ist). Ich schreibe dieses Buch natürlich auch, weil mir das Schreiben Spaß macht (man kann wirklich endlose Monologe halten) und das Thema auch mich betrifft und interessiert. In erster Linie jedoch möchte ich Menschen ansprechen, die vor der Entscheidung stehen, ob sie sich trennen sollen sowie solche, die sich bereits getrennt haben und noch nicht so recht wissen, wie sie aus der Trauer raus kommen können, oder was sie wohl „falsch" gemacht haben.

Oftmals, so habe ich nämlich festgestellt, merken Paare erst im Laufe einer Beratung, was sie wirklich wollen. Es gibt sicherlich gute Gründe, sich zu trennen. Manche Beziehungen enden zum Beispiel, weil sich die Paare im Laufe der Jahre in ganz verschiedene Richtungen entwickelt haben. Manche hingegen stehen schon nach wenigen Monaten vor dem Aus, weil die beiden Partner recht schnell merkten, dass sie wenig gemeinsame Ziele und Interessen haben. Wenn eine pathologische Beziehung besteht, zum Beispiel wenn ein Partner Gewalt ausübt oder eine

Suchtproblematik vorhanden ist, so ist eine Trennung sogar nötig und nach meiner Erfahrung, zumindest für eine gewisse Zeit, unabdingbar, um psychisch gesund zu bleiben. Häufig trennen sich Paare aber aus einem diffusen Gefühl des „Enttäuscht-Seins" heraus, mit der Absicht, ihr Lebensboot nochmal zu ganz neuen Ufern in See stechen zu lassen. Es liegt dann nahe, dass sie die Gründe für ihre Unzufriedenheit und ihren Wunsch, etwas zu ändern, ausschließlich im Partner suchen. Leider merken diese Paare dann aber oftmals recht schnell, dass sie doch nur wieder den „alten Kurs" fahren, auch wenn es vielleicht bereits eine „neue Liebe" in ihrem Leben gibt.

Vielleicht kann dieses Buch ein ganz klein wenig dazu beitragen, dass Menschen bewusster in eine Beziehung gehen und darin leben und sich letztendlich weniger aus den falschen Gründen trennen. Mit anderen Worten und etwas profaner ausgedrückt:

Ich wollte anderen Menschen und mir selbst etwas Gutes tun.

Ich wünsche Ihnen nun viel Spaß beim Lesen und mir, dass ich es schaffen werde, Ihnen einige Anregungen und interessante Fragen mit auf den Weg zu geben.

Ein Fragezeichen setzt das Hirn meines Gesprächspartners in Gang. Ein Ausrufezeichen nur seine Ohren! Oder?

(Zitat Peter Hohl)

2 GEBRAUCHSANLEITUNG

EIN MÄRCHEN FÜR ERWACHSENE PÄRCHEN?

Ich bin mit den Märchen der Gebrüder Grimm groß geworden. Noch heute, wenn ich irgendwo die Geschichte von Dornröschen höre, so entsteht vor meinem inneren Auge das Bild meiner Oma, wie sie abends in der Küche saß und mir dieses Märchen vorlas. Ich rieche wieder den warmen Kakao, den ich dabei trank und den Geruch meines friedlich schnarchenden Hundes neben mir, meines Spielgefährten, der zu meinen ersten bewussten Erinnerungen gehört. Ich spüre wieder die Wärme des Küchenofens und den Hauch von kalter Luft, die vom nicht beheizten Flur unter der Türe durch ins Zimmer zog. Und ich fühle wieder diese Geborgenheit und Zuversicht, die man in dieser Form vielleicht nur als Kind haben kann. Im Märchen vom Dornröschen habe ich im Laufe der Jahre immer wieder andere Botschaften für mich entdeckt. Bestätigte es mir als Kind noch den Glauben an den Traumprinzen, der sich auf seinem Pferd durch die Dornenhecken kämpft, um seine Märchenprinzessin wach zu küssen, so sah ich als Jugendliche im Zuge der damals noch sehr verbissenen Emanzipationswelle im Märchen von Dornröschen nur ein Symbol eines patriarchalischen Menschenbildes, das ich vehement bekämpfte. Als angehende Therapeutin schließlich spielgelte mir dieses Märchen den weiblichen und männlichen Anteil unserer Psyche wider. Man kann ein Märchen also mehrmals lesen und wird je nach Stimmung und Situation ganz unterschiedliche Aspekte wahrnehmen und zu völlig verschiedenen Deutungen kommen. Nichts davon ist falsch oder „objektiv" wahr, sondern zeigt nur eine weitere Facette des Selbst.

Schon im frühen Mittelalter, wahrscheinlich sogar noch früher, wurden Märchen und Fabeln benutzt, um indirekte Botschaften zu geben. Religiose und kulturelle Werte und Traditionen oder auch Anstöße zur persönlichen Weiterentwicklung wurden so vermittelt.

In der Psychotherapie wurde dieses Werkzeug spätestens mit Milton Erickson, dem Erfinder der modernen Hypnotherapie, wieder neu entdeckt. Seine Lehrgeschichten dürfen in keiner Ausbildung in wissenschaftlicher Hypnose fehlen. Inzwischen gibt es viele sehr schöne und gute Bücher, die diese Tradition des Geschichten Erzählens fortsetzen, und deren Geschichten einem breiten Publikum bekannt sind. Ich denke da spontan etwa an die wunderbaren Bücher von Jorge Bucay oder auch von Peseschkian, um nur zwei der bekanntesten Autoren zu nennen. Therapeutische Geschichten sind keine eigenständige Therapieform, sondern ein Werkzeug, das im Rahmen eines therapeutischen Kontextes eingesetzt werden kann. Unabhängig davon, können Geschichten aber auch jedem Menschen im Alltag ein wertvoller Impulsgeber sein. Märchen und Geschichten lassen beim Zuhörer innere Bilder entstehen und sprechen so sein Unbewusstes an. Damit stehen ihm außer seinem Verstand, der sich auf bewusstes Wissen beschränken muss, noch ein Vielfaches mehr an intuitivem Wissen und hilfreichen Gefühlen zur Verfügung.

Solche Geschichten wenden sich zudem nur indirekt an den Zuhörer, was gleich zwei Vorteile hat. Zum einen kommt Widerstand, wie er bei direkten Ratschlägen zu erwarten ist, in den meisten Fällen gar nicht erst auf. Zum anderen wird zwar eine Lösungsrichtung vorgezeichnet, der konkrete individuelle Lösungsweg bleibt jedoch offen. Der Zuhörer bleibt so immer der „Chef", es gilt seine individuelle Deutung der Geschichte, mit der gearbeitet wird. Indem dem Zuhörer eine Geschichte erzählt wird, die auf den ersten Blick nichts mit ihm zu tun hat, hat er nicht nur die Möglichkeit, sich mit Teilaspekten zu identifizieren, sondern auch, sich von diesen zu distanzieren. So wird der Hörer unbewusst immer auf die Aspekte einer Geschichte reagieren, die für ihn in diesem Moment bedeutsam sind. Er bekommt dadurch genau die Impulse, die er im Moment braucht und kann so seine ganz eigenen, für ihn stimmigen Schlüsse ziehen.

Nehmen Sie sich also die Zeit, sich in Ihre Kindheit zu versetzen. Gibt es einen speziellen Geruch, ein Foto, eine lebhafte Erinnerung oder etwas anderes, das Ihnen dabei helfen kann? Lassen Sie Ihren Verstand eine Weile ruhen, oder wenn das gar nicht gelingen will, zumindest nur so leise zu Ihnen sprechen, dass Sie die Stimme Ihres Unbewussten noch verstehen und innere Bilder entstehen lassen können. Das gelingt ganz gut, wenn Sie entspannt sind.

Nehmen Sie wahr, welche Gedanken Ihnen beim Hören oder Lesen der Geschichte quasi automatisch durch den Kopf schießen.

Welche Gefühle entstehen und vor allem, wo im Körper spüren Sie diese Gefühle? Wie fühlen sie sich an? Wir sagen nicht umsonst, wir haben vor Angst einen Kloß im Hals oder einen Stein im Magen. Bei Trauer zerreißt es uns das Herz, wir ärgern uns gelb und grün bzw. uns läuft die Galle über vor Ärger. Hören wir aber von Dingen, die uns gut tun, so wird uns warm ums Herz, unser Magen hüpft oder in unserem Bauch sind Schmetterlinge. Und bei Dingen, die wir an uns nicht wahrhaben wollen, die wir lieber verdrängen, sind wir oft taub auf beiden Ohren und so blind, dass wir den Balken im eigenen Auge nicht erkennen können.

Wenn wir also unsere Körperempfindungen, Gedanken und Gefühle nicht sofort bewerten als gut oder schlecht, angenehm oder unangenehm, richtig oder falsch, sondern sie einfach nur wahrnehmen, so können sie uns wertvolle Hinweise liefern. Bestimmte Aspekte einer Geschichte treffen uns einfach deshalb, weil sie uns „be"-treffen. Sie zeigen uns oftmals besser als unser Verstand, wo der Hase im Pfeffer liegt und weisen uns die Richtung, in der wir suchen müssen. Sie bringen uns dazu, uns im richtigen Moment die richtigen Fragen zu stellen.

Und nun wünsche ich Ihnen, dass Sie beim Lesen oder Hören viele für Sie wichtige Impulse erhalten, Sie die für Sie richtigen Fragen finden sowie eine erste Idee, was Ihnen helfen könnte, in Ihrer Situation die richtigen Entscheidungen zu treffen.

Die Qualität der Fragen, die du dir selbst stellst, entscheidet über die Qualität des Lebens, das du führst.

(Zitat Jürgen Höller)

3 EINE PHANTASIEREISE INS LAND DER FRAGEN

Krümel beginnt zu laufen

Krümel ist auf den ersten Blick nur eine kleine Holzpuppe. Zehn, vielleicht fünfzehn Zentimeter groß, ein kegelförmiger Holzleib, ein kugelrundes Holzköpfchen mit einer kleinen, ebenfalls kugelrunden Nase aus Holz. Blaue Kulleraugen und ein sonniges Lächeln sind aufgemalt. Die Haare bestehen aus langen, naturfarbenen Baumwoll- Dreadlocks und die Beine sind kleine Seile mit Holzpuschen dran. Alles in allem also ein ganz gewöhnliches Püppchen, das es überall in den Geschäften, Weihnachts- und Adventsmärkten zu kaufen gibt. Verweilt man aber etwas länger bei ihr, so bemerkt man, dass Krümel viel mehr als nur eine kleine Spielfigur ist. Sie ist ein Kind, mal erstaunlich weise, mal albern, mal großzügig, mal launisch. Und wie alle Kinder, ob Menschen- oder Tierkinder, hat sie was, was wir großen Erwachsenen so oft verlernt haben. Krümel fühlt mit dem Kopf und denkt mit ihrem Herzen. Und wenn sie etwas tut, dann tut sie das ganz und gar. Wenn sie spielt, spielt sie, wenn sie denkt, dann denkt sie und wenn sie fühlt, dann fühlt sie. Und gerade im Moment spürt Krümel ihre Gefühle ganz stark.

Traurig ist Krümel, ganz traurig und nachdenklich und ein bisschen wütend. Die Traurigkeit wohnt schon eine ganze Zeit bei ihr. Am Anfang hatte sie vor allem im Bauch ihren Platz gehabt und war so schwer, dass Krümel sich kaum bewegen konnte. Sie schlich nur noch einher. Das fröhliche Springen und Singen ging da gar nicht mehr, so dass Krümel dachte, ihr kleines Bäuchlein würde gleich platzen. Auch der Magen hatte sich zu einer festen kleinen Faust zusammen geballt. Aber da sie nie versucht hatte, die Traurigkeit ganz zu vertreiben—das klappt nämlich nicht, sie kann sich höchstens verstecken, um dann irgendwann umso stärker zu sein —hat die sich im Laufe der Zeit etwas leichter gemacht. Oh, die Traurigkeit ist noch da, aber sie liegt nicht mehr bleischwer und grau und stumpf in Krümels Bauch. Sie ist sozusagen ein bisschen luftig geworden und lässt zu, dass Krümel jeden Tag für eine Zeit wieder hopsen und singen kann. Und in dem Maße, in dem die Traurigkeit sich langsam in Luft auflöst, macht sich die Wut breit. Nicht die helle, lodernde, alles zerstören wollende Wut. Nein, Krümels Wut ist eine stetige, schöne rot-gelbe Flamme, die ihr das Bäuchlein wärmt und sie dazu antreibt, wieder zu lachen und dem Leben, von dem sich Krümel so schlecht behandelt fühlt, ein Schnippchen zu schlagen. Wut tut nämlich gut, wenn man sie richtig einsetzt.

Und so liegt Krümel jetzt dort auf dieser Wiese, lässt sich die Sonne auf den Bauch scheinen und spürt die weichen Grashalme, die sich wie ein flauschiger Teppich an ihre Füße, an die Beine, an den Po und den Rücken schmiegen. Mit den Händen fährt sie sacht über das grüne Gras, das ihre Handflächen streichelt. Den Kopf hat sie ganz bequem auf einem Kissen gelagert. Bienen summen, bunte Schmetterlinge fliegen in kleinen und großen Kreisen um sie herum, lassen sich auf den wunderschönen Blumen der Wiese nieder. Der Duft nach frischem Gras und reiner Erde, nach Frühling liegt in der Luft. Krümel schaut auf die weißen Schäfchenwolken am Himmel, wie sie vorbei ziehen. So wie Gedanken. Die kommen und ziehen weiter, wenn du sie nicht festhältst. Jedoch, Krümels Gedanken ziehen heute nicht weiter. Wie ein Wirbelsturm, der um sich selbst kreist, kreisen sie um Wuschel.

Wuschel, ein kleines Holzpüppchen, so wie sie selbst. Mit breitem Mund und Ohren, auf denen widerborstige kleine Haare wachsen, und die genauso abstehen wie seine wüsten, roten Haare. Wuschel, der immer zu einem Spaß aufgelegt ist. Er war, so lange sie denken konnte, ihr bester Freund gewesen. Zusammen hatten sie Berge erklettert, zum Beispiel den Wäscheberg, tief unten im Keller,. Sie hatten im Boot den Ozean der Badewanne durchquert und sich mit einem Luftballon in den Himmel tragen lassen. Uijii ging das auf einmal schnell nach unten. Krümel erinnert sich auch an die vielen hundert Gelegenheiten, bei denen sie, fest an Wuschel geklammert, mit seinem Dreirad sauseschnell den Küchenschrank herunter gedonnert waren, um dann flink wie ein Wiesel die launische Katze des Hauses zu überholen. Bevor die nur ihre Krallen ausgefahren hatte, um sich die zwei vermeintlichen Mäuse zu fangen, waren sie schon das Sofa hinauf gedüst, mit einem gewaltigen Sprung auf den Tisch und von dort auf den Fernseher. Das gab immer so schöne Dreckspuren, die Wuschel hinterher ganz dolle ärgerten. Wuschels wilde Haare flatterten dann nur so im Wind und mit seiner rauen Stimme sang er ganz schräg die lustigsten Piratenlieder.

Wenn sie dazu keine Lust mehr hatten, dann schauten sie sich die ganzen Burgen, Ritter und Rüstungen an, die im Kinderzimmer verstreut auf dem Boden lagen und stellten sich vor, sie seien Prinz und Prinzessin, die in diesen alten Burgen lebten.

Wenn Wuschel mal wieder alleine auf Reisen ging, um neue Abenteuer zu suchen, musste er Krümel versprechen, gut auf sich aufzupassen. Ihr machte es etwas Angst, den wilden Wuschel alleine in die Welt zu schicken, wo er doch so waghalsig war. Aber so war er nun mal, ihr Wuschel, und Krümel ließ ihn ziehen und konnte sich mit ihm freuen.

Wuschel wusste sehr wohl, dass seine Krümel sich Sorgen machte, obwohl sie es ihm nie sagte. Eigentlich mochte er es nicht, sich dann immerzu melden zu müssen. Aber weil er seine Krümel gut kannte, nickte er immer zum Abschied, wenn sie ihn bat, ihr bloß immer mal wieder eine Post-Eule zu schicken. Er zwinkerte dann kurz mit beiden Augen, presste sie fest zusammen, so dass lauter Lachfalten sein Gesicht überzogen, lächelte ganz liebevoll und versprach es ihr.

Wenn er dann wieder nach Hause kam, konnten sie sich gegenseitig stundenlang erzählen, was sie alles erlebt hatten und vor lauter Begeisterung hatten beide glänzende Augen und rote Backen.

Abends, wenn sie müde waren, kuschelten sie sich aneinander, sagten sich „gute Nacht Wuschelmann" und „gute Nacht Krümelfrau" und schliefen ein. Meistens hatte Krümel ihre Nase unter Wuschels Achselhöhle versteckt. So lebten sie viele Jahre glücklich und zufrieden.

Aber nichts im Leben bleibt wie es ist. Alles um uns herum ist wie wir selbst im Fluss, und es liegt an uns, wie wir mit den Veränderungen umgehen. Auch Krümel und Wuschel veränderten sich. Langsam und unmerklich fingen die beiden an, weniger miteinander zu spielen, weniger zu lachen, und immer öfter hörte man die beiden über die Mühen des Alltags seufzen. Komisch, früher war alles besser, alles leichter. Keiner der beiden sagte etwas, aber abends, wenn sie nicht einschlafen konnten, dachte jeder für sich, dass früher alles besser gewesen sei, und wenn der andere doch bloß wieder wie früher werden könnte.

Sie seufzten, sie ärgerten sich über Dinge, die sie früher lustig fanden. Ja selbst über die kleinen Schrullen des anderen, die sie doch zu Beginn so liebenswert und anziehend fanden. Hatten sich die Schrullen über Nacht verändert? Waren sie etwa schlimmer geworden, rücksichtsloser, greller? Sie hatten so viele Fragen,   aber sie blieben stumm. Hatten sie früher noch Pläne geschmiedet, sich die wildesten Abenteuer ausgedacht, die sie gemeinsam erleben wollten, geplant, wie sie sich gemeinsam ein großes Lebkuchenhaus bauen würden, so waren da jetzt nur noch Enttäuschung und stumme Vorwürfe.

Und so kam es, dass Wuschel eines Tages, nachdem er mal wieder alleine auf Reisen ging, eine andere Spielgefährtin fand, die genauso aufregend und toll zu sein schien, wie Krümel es früher gewesen war. Flugs sagte er seiner Krümel Lebewohl und verschwand einfach -- ruck zuck -- aus ihrem Leben.

Und jetzt liegt Krümel hier auf der Wiese, ihr Bäuchlein angenehm warm von der Sonne bestrahlt. Das Summen der Bienen, das Gezwitscher der Vögel, alle Geräusche werden immer leiser und Krümels Augenlider werden schwer. Langsam fallen ihr die Augen zu, so dass das Licht der Sonne nur noch angenehm gedämpft durch ihre geschlossenen Augenlider fällt. Ihr Atem wird langsamer und flacher, und sie träumt.

Vor langer Zeit lebte ein brauner, solider Damenschuh in einer kleinen Stadt, direkt am Rhein. Hoch über ihnen, ja selbst hoch über den Weinbergen, blickten die alten Ruinen und Burgen, von denen noch der Hauch der Vergangenheit zu spüren war, auf sie herab.

Frau Schuh war nichts Besonderes, nicht groß, nicht klein, nicht hübsch, nicht hässlich, nicht klug und auch nicht dumm. Ein ganz normaler, solider Frauenschuh eben, ganz hübsch anzusehen und bequem. Sie konnte recht gut gehen, aber so dann und wann stolperte sie oder war auch ein wenig unsicher, in welche Richtung sie denn nun laufen solle. Frau Schuh wollte nicht alleine durch die Welt streifen. „Da geht es sich so schlecht", dachte sie. Und so begab sie sich auf die Suche nach einem passenden Herrn. Sie lernte auch einige Herrenschuhe kennen, manche sehr hübsch und kapriziös, manche sehr bequem. Aber nach kurzer Zeit merkten beide Schuhe recht schnell, dass sie nicht gut zusammen gehen konnten. Mal ging der eine zu schnell, dann der andere zu langsam. Manch einer rannte weit vor ihr und mancher hinkte hinter ihr her. Mancher wollte sie tragen und mancher wollte getragen werden. Aber nie klappte es, dass ein Schuh neben ihr ging.

Bis sie irgendwann ihren ganz besonderen Herrenschuh kennenlernte.

Herr Schuh war ein robuster, verwegen aussehender Lederstiefel. Lässig, stabil und doch nicht protzig. Solide verarbeitet, bequem, stilvoll und zeitlos. Und siehe da—mit ihm konnte Frau Schuh sofort im Gleichklang gehen. Was heißt gehen? Nein, sie schwebten nebeneinander her. Wenn Frau Schuh nicht wusste wohin des Weges, so wusste es Herr Schuh immer. Wenn er mal wieder nicht links noch rechts schauend ein paar andere Schuhe anrempelte, fand Frau Schuh immer die richtigen Worte, so dass ihm keiner böse wurde.

So wurden sie schnell ein Paar und waren glücklich wie im Märchen. Selbst als nach einer kleinen Weile Herr Schuh bemerkte, dass Frau Schuh doch vielleicht ein wenig eleganter aussehen könnte, und Frau Schuh einige Ecken und Kanten und ausgefranste Löcher bei Herrn Schuh entdeckte, tat dies der Liebe keinen Abbruch. Im Gegenteil, es waren genau diese kleinen Fehler, die den anderen so liebenswert erschienen ließen.

Doch nur im Märchen leben alle Beteiligten glücklich bis an ihr Lebensende.

Nach einigen Jahren entdeckte Herr Schuh nämlich, dass Frau Schuh doch etwas zu bequem war. „Sie könnte sich doch eigentlich hohe Absätze machen lassen oder wenigstens Schuhcreme benutzen und sich glänzender aufpolieren", ärgerte er sich im Stillen. Auch lachte und scherzte sie nicht mehr so viel wie früher und war oft schweigsam und müde. Ein Gummistiefel war sie, praktisch, aber mit einem Gummistiefel gemeinsam den Weg entlang zu laufen, schien ihm mehr und mehr inakzeptabel.

Frau Schuh bemerkte auch einige Änderungen an Herrn Schuh, die ihr gar nicht gefielen. Scheinbar über Nacht war aus dem zuverlässigen, offenen Lederstiefel ein schweigsamer, mürrischer Stinkstiefel geworden, und nun hatte er sich gar in einen Pantoffel verwandelt. Wo war das Energiebündel hin, das sie kennen gelernt hatte? Da hockte nur noch ein alter Puschen, der nicht mehr viel lachte und scherzte wie früher, sondern schweigsam und müde war. Natürlich bemerkten beide Schuhe, dass sich zwischen ihnen etwas Entscheidendes geändert hatte. Aber sie waren zu sehr mit sich und ihrem Alltag beschäftigt, um sich darüber Gedanken zu machen. Und läuft es sich nicht auf alle Fälle zu zweit besser als alleine? Eines Tages jedoch sah Herr Schuh eine Dame, die ihn magisch anzog. Sie erinnerte ihn an Frau Schuh, damals als er sie kennen lernte, und außerdem hatte sie wundervoll hohe bleistiftartige Absätze! Ein echter Hingucker! Und konnte sie nicht mit ihm so wundervoll im Gleichschritt gehen? Frau Schuh überlegte auch, ob sie weiter mit einem Pantoffel durch das Leben ziehen wollte. Gab es um die Ecke nicht einen wunderschönen eleganten Herren- Turnschuh? Der hüpfte und sprang immer so froh durch die Gegend. Der konnte bestimmt ganz leichtfüßig mit ihr jeden Weg, den sie einschlagen wollte, beschreiten.

Natürlich versuchten die Beiden alles, um ihre Beziehung zu retten. Sie probierten es ganz ernsthaft, indem sie noch einmal mit dem anderen über dessen Verfehlungen und Versäumnisse redeten. Was heißt, sie redeten? Nein, im Grunde genommen schrien beide aufeinander ein und kamen gar nicht zum Reden, geschweige denn zum Zuhören. Taten sie nicht alles, wirklich alles, um den anderen zur Vernunft zu bringen, auf dass dieser seine Fehler einsehe und sich ändere? Es half alles nichts! Beide waren am Ende dieser seltsamen Kommunikation davon überzeugt, wie gut und richtig doch der Entschluss sei, dass jeder nun getrennte Wege gehe.

Herr Schuh zog fortan mit Frau High Heel durch die Straßen, und Frau Schuh bemühte sich redlich, Herrn Turnschuh das fortwährende Hopsen und Springen auf dem gemeinsamen Weg abzugewöhnen. Zunächst ging der Sportschuh ja ganz brav im Gleichschritt neben ihr, doch immer öfter hopste und sprang er wild umeinander, so dass Frau Schuh Mühe hatte, das Gleichgewicht nicht zu verlieren. Auch Herr Schuh bemerkte schnell, dass Frau High Heel doch nicht so glänzend war, wie er zunächst dachte. Sie war fortlaufend so damit beschäftigt, auf ihren Absätzen zu balancieren, dass sie gar nicht mehr aufpassen konnte, wenn Herr Schuh mal wieder jemanden rüde anrempelte. Ach, seine Frau Schuh hatte da immer gleich die richtigen Worte gefunden, um die sich anbahnenden Wogen des Streits zwischen dem Angerempelten und ihm zu glätten. Auch schien es ihm, dass Frau High Heels hohe, wunderschöne Absätze zunehmend kleiner und breiter wurden. Im Gleichschritt zu gehen, fiel ihnen beiden auch immer schwerer.

Und so kam es, dass Herr und Frau Schuh sich immer häufiger fragten, ob sie nicht vielleicht durch einen bösen Zauber wieder die alten Partner, nur ein wenig anders aus-sehend, bekommen hätten. Sie grämten sich sehr und fragten sich, ob es vielleicht sinnvoll wäre, sich doch noch mal nach einem neuen Lebensgefährten umzuschauen. Zu dumm aber auch, dass einem der gleiche Fehler immer wieder passierte. Irgendwie schienen beide immer noch nicht die richtigen Partner gefunden zu haben. Oder gab es so was vielleicht auch gar nicht?

Manchmal sah Frau Schuh allerdings ein Paar, das augenscheinlich schon sehr alt war. Schiefe Absätze, sogar Löcher in der Sohle, runzelige Falten und ziemlich ausgetreten. Und doch konnte sie sehen, wie wundervoll diese alten Schuhe nebeneinander herliefen, sich gegenseitig stützten, wenn der Andere mal strauchelte, nur um ihn dann gleich wieder loszulassen, so dass sie wieder nebeneinander gehen konnten. Irgendwann brachte sie den Mut auf, dieses alte Paar Schuhe anzuspre-chen und sie zu fragen, warum sie beide so harmonisch und perfekt zusammen laufen konnten.

„Weißt Du meine Liebe", lachte die alte

Schuhdame, „zunächst einmal haben wir gelernt, ganz alleine zu gehen. Denn wie willst Du gar zu zweit das schwierige Kunststück beherrschen, wenn Du es nicht mal alleine kannst?"

Frau Schuh machte ganz große Augen. „Alleine laufen ist doch immer schwieriger als zu zweit". Im Stillen dachte sie sich, dass die beiden alten Herrschaften vermutlich schon etwas wunderlich geworden seien. Aber die beiden sahen so glasklar wach und verständnisvoll aus, dass sie sofort das Angebot wahrnahm, als die alte Dame sie einlud, sich mit ihnen auf eine Parkbank zu setzen und sich eine Geschichte erzählen zu lassen.

Und so begann die alte Dame zu erzählen.

Das Great African Rift Valley ist eine Nahtstelle, die sich über 6000 Kilometer durch den schwarzen Kontinent zieht. Da sich an dieser Stelle die Kontinentalplatten auseinanderbewegen, entstand im Laufe der Jahrmillionen dort ein Grabenbruch. Die Wände gehen steil und bis zu 1000 Meter tief nach unten ins Tal, das von größeren Gewässern und erloschenen Vulkanen geschmückt wird. Zwischen Seen mit dem schönsten frischestem Quellwasser gibt es wie Farbtupfer in einem Bild Salzseen, die in den verschiedensten Rottönen schillern. Tausende von rosafarbenen Flamingos leben an ihren Ufern. Wenn die Sonne aufgeht, so scheint sie auf die Oberfläche dieser Seen und verwandelt sie in ein Feuer aus Licht und glänzenden Wassertropfen. Wenn die Sonne dann untergeht, so sind es die niemals erlöschenden Vulkane, die im Innern die rot glühende Lava beherbergen, die dieses prächtige Farbenspiel aufnehmen und weitergeben.

Dort tief unten im Tal lebte eine Löwin. Sie liebte es, durch das hohe Gras zu wandern, bei Morgendämmerung nach der Jagd an einem See mit frischem Wasser zu lagern und sich die Sonne auf ihren Bauch scheinen zu lassen. Aber immer überkam sie eine Sehnsucht nach der Weite des Himmels, die ihre Gefährtinnen nicht verstehen konnten. „Du bist eine Löwin, kein Vogel", sagten sie dann immer nur lachend.

Hoch oben auf der Hochebene, 1000 Meter über unserer Löwin lebte nun ein Adler. Ein stattlicher Vogel mit einem prächtigen Flügelkleid. Ein schwarzer Kopf, eine dunkle Brust und eine weiße Unterseite, die beim Flug einen starken Kontrast bildete. Wenn er hoch oben in der Luft seine Kreise zog, um nach Beute Ausschau zu halten, dann entsprach seine Spannweite der Größe eines ausgewachsenen Mannes und sein markanter Schrei war auch tief unten im Tal zu hören. Der Adler liebte seinen Platz hoch oben, fast in den Wolken, von wo aus er das gesamte Tal überblicken konnte, wo er den Wind in seinem Gefieder spürte und der Sonne näher schien.

Es zog ihn aber auch immer wieder ins Tal. Die wärmere Luft, das Gras, das sich im Wind wiegte, die Farben und Gerüche hatten es ihm angetan.

So kam es, dass Löwin und Adler sich eines Tages über den Weg liefen. Und da beide so gerne Geschichten aus der Welt des anderen erzählt bekamen, trafen sie sich bald jeden

Tag bei Sonnenauf- und -untergang am See, wenn die Löwin von der Jagd kam und die Jagdzeit des Adlers noch nicht begonnen hatte. Die beiden liebten diese Stunden, die Geschichten des anderen, und so verliebten sie sich auch bald ineinander. Sie genossen die gemeinsame Zeit, luden Freunde an, mit ihnen den Geschichten zu lauschen und freuten sich, wenn der Abschied nahte, auf die nächsten gemeinsamen Stunden, die Geschichten, die sie sich dann erzählen konnten. Sie liebten es aber auch, dann wieder in ihr eigenes Reich zu gehen.

Alles ging gut, bis sich der Adler eines Tages beim Jagen einer Schlange, die er aus dem Baum pflücken wollte, den Flügel brach. Nun konnte er nicht mehr fliegen, aber seine Gefährtin versprach, für ihn zu sorgen. Die Löwin jagte nun für sie beide, brachte dem Adler die besten Stücke des erlegten Wildes mit, und er freute sich, wenn sie danach mit ihm zusammen am See saß und ihm Geschichten erzählte. Doch irgendwann begann der Adler unruhig zu werden. Ihm wurde langweilig. Er vermisste die Weite des Himmels und auch das Essen, das ihm die Löwin brachte, mochte er nicht besonders. Seine Leibspeise waren Schlangen, aber denen ging die Löwin tunlichst aus dem Wege.

Auch der Löwin gefiel es nicht besonders, dass der Adler immer nur herum saß und jammerte. Sie vermisste seine Geschichten, seinen Esprit und außerdem wurde sie immer müder, da sie ja nun für zwei jagen musste. Die Wochen vergingen und der Flügel des Adlers war schon längst verheilt. Aber der Adler hatte Angst, ihn wieder zu benutzen. Er konnte sich nicht mehr daran erinnern, wie es war, als er durch die Lüfte schwebte, frei und allein. Allein—das war er jetzt nicht und doch auch. Die Löwin hatte sich verändert. Sie lachte nicht mehr und schien sich auch gar nicht mehr zu freuen, wenn sie ihn sah. Stattdessen schlief sie meistens sofort ein und wachte trotzdem bei der Dämmerung müde und schlecht gelaunt auf.

Die Löwin überlegte natürlich schon, ob sie den Adler nicht einfach auf einen Hügel tragen und von dort ein wenig hinunter schubsen sollte, damit er endlich wieder gezwungen wurde, zu fliegen. Aber sie traute sich nicht so recht und außerdem---musste man nicht alles tun für seinen Partner?

Eines Tages jedoch musste die Löwin gegen eine Rivalin kämpfen. Dabei verletzte sie sich ihren rechten Hinterlauf. Mit Schmerzen, die ihr durch Mark und Bein gingen, lag sie am See neben ihrem Adler und konnte nicht mehr auf die Jagd gehen. Der Adler musste sie nun beide versorgen. Da er aber das Fliegen anscheinend verlernt hatte, konnte er sich nur unbeholfen und hüpfend wie ein Huhn fortbewegen. Der Adler ist für die Luft gebaut, auf dem Land fehlt ihm die geschmeidige Lautlosigkeit, die der Löwin zu eigen ist. Er konnte deshalb nur kleine Schlangen und einige kranke Hasen fangen. So wurden sie beide immer schwächer und schwächer. Sie konnten nicht länger am See verweilen, wo jedes andere Raubtier sie überfallen konnte. So beschlossen sie, sich in eine Höhle zurückzuziehen, die sich genau zwischen Tal und Hochebene befand. Die Löwin konnte im Grunde wieder laufen, aber sie traute sich nicht, ihre Pfote zu belasten, und so humpelte sie neben dem hüpfenden Adler einher.

Was war aus ihnen geworden? Der stolze Adler und die geschmeidige Löwin. Nun wurden sie zum Gespött der anderen Tiere. Ihre Freunde versuchten zwar, den beiden zu helfen und gaben ihnen Ratschläge, wie der Adler lernen konnte, seinen Flügel und die Löwin ihren Hinterlauf wieder zu benutzen.

Aber die beiden waren so beschämt, dass sie die wohlgemeinten Ideen gar nicht hören konnten, und sie beeilten sich, hüpfend und humpelnd zu ihrer Höhle zu gelangen.

Frau Schuh hatte ganz gespannt zugehört und vor ihrem inneren Auge die beiden Liebenden und ihre Geschichte verfolgt. „Und", fragte sie nun, etwas atemlos, „wie ist die Geschichte ausgegangen? Was machten die beiden dann?"

„So wie manche Märchen eben ausgehen! Der Adler schaute sehnsüchtig zum blauen Himmel der Hochebene herauf und die Löwin sehnsüchtig auf das sich im Wind wiegende Gras des Tals. Beide haben nie wieder versucht, zu fliegen oder zu laufen. Und sie lebten unglücklich und unzufrieden bis an ihr Lebensende."

„Du musst erkennen", begann der alte Schuh behutsam, „dass jeder Schuh einzigartig ist, und Du ihn nie ganz und gar kennen kannst. Am Anfang sehen alle Schuhe immer hübsch und glänzend aus. Aber im Laufe der Zeit, wenn die Magie des Verlangens und des Verliebtseins ihre Wirkung mehr und mehr verliert, erkennst du auch Einzelheiten und Facetten an deinem Partner, die Du nicht so gut findest. Im Außen so wie auch im Inneren. Und auch die Dinge an ihm, die Du zuvor so bewundert hast, weil Du sie eben nicht hast, können dich jetzt nerven. Dann musst du Dir die Zeit nehmen, um das Wundervolle, das sich auch in den scheinbaren Fehlern des Anderen zeigt, wieder wahrnehmen und schätzen zu können. Und das kannst Du nur, wenn Du in der Lage bist, Deinen Liebsten dann und wann ein wenig aus der Ferne zu sehen statt immer so dicht neben ihm zu gehen, dass kein Platz mehr zwischen Euch bleibt.

Und um dann und wann etwas Distanz zwischen Euch zu kriegen, damit Ihr den Anderen auch ganz sehen und bewundern könnt und Euch nicht nur ein paar wenige, vielleicht nicht so schöne Details von ihm ins Auge fallen, musst Du auch alleine gehen können. Auch musst Du alleine gehen können und das von Zeit zu Zeit wieder üben, wenn Du den Anderen bei Bedarf stützen willst!"

„Und ihn, was manchmal noch viel schwieriger ist, auch im rechten Augenblick wieder frei geben zu können. Und wenn Du dann noch das Kunststück gelernt hast, den Wunsch aufzugeben, den Anderen ändern zu wollen, dann erst kannst Du mit dem eigentlichen

Lernen beginnen", schaltete sich die alte Dame wieder ein.

Frau Schuh sah sie mit großen Augen verständnislos an: „Mit dem eigentlichen Lernen"?

„Ja, dann erst lernst du wirklich, gemeinsam zu laufen", entgegneten die beiden alten Schuhe, sagten Lebwohl und gingen, alle vier Enden ihrer Schnürsenkel inniglich zusammen verknotet, ihres Weges.

Fehler sind wie Berge.
Man steht auf dem Gipfel seiner eigenen
und redet über die anderen.
(aus Westafrika)

Krümel merkt, dass die Sonne zu sinken beginnt. Langsam verabschiedet sie sich von ihren inneren Bildern. Sie spürt wieder den Wind, der mit ihren Haaren spielt. Die Bienen summen lauter und ihr Atem wird tiefer. Sie gähnt und räkelt sich noch ein wenig. Bevor sie die Augen aufmacht, möchte sie noch der Traurigkeit guten Tag sagen. Aber sie kann sie gar nicht mehr sofort finden. Erst nach längerem Suchen spürt sie das vertraute Gefühl. Ihr ist, als sei die Traurigkeit zu einem dünnen Nebelschleier geworden, der über dem Wald ihrer Gefühle liegt. Sonnenstrahlen der Hoffnung durchdringen den Nebel und beleuchten den weichen, mit Moos bedeckten Boden, der sie trägt.

Krümel steht auf und beginnt zu laufen.

Dem Gehenden schiebt sich der Weg
unter die Füße
(Martin Walser).

4 STATT EINES NACHWORTS

DIE KUNST, EINE GLÜCKLICHE BEZIEHUNG ZU FÜHREN

„Muudii`!" Immer wenn mein seit gefühlten 100 Jahren schon pubertierender Sohn dieses Wort in dieser speziellen, nur von ihm produzierbaren Intonation von sich gibt, funkt mein Nervensystem an alle Zellen „Alarmstufe Rot" und programmiert meinen Körper auf Angriff. Aus leidvoller Erfahrung weiß ich nämlich, dass dieses „Muudii", besonders wenn es zu Zeiten ertönt, an denen ich nicht gestört werden will, immer verbunden ist mit einer Bitte, die ich normalerweise nie erfüllen würde. Da rechnet sich mein kluger Sohn die größten Erfolgschancen aus und hatte damit leider in der Vergangenheit meist auch Recht. Als wirksame Gegenmaßnahme habe ich es mir deshalb angewöhnt, sofort in Hab-Acht-Stellung zu gehen und reflexartig „Nein" zu brüllen. Normalerweise folgt dann eine in höchster Lautstärke vorgetragene Propagandarede für die angeblichen Rechte einer angeblich unterdrückten Generation männlicher Heranwachsender, die mit einer Forderung nach längeren Ausgehzeiten, mehr Taschengeld oder der sofortigen Anschaffung eines mo-

torisierten Zweirads, eines „Supersportlers"
endet.

Diesmal jedoch wurde ich enttäuscht. „Du
weißt doch gar nicht, was ich will, liebste
Muuudii", ertönte es süffisant. „Ich möchte Dir
nämlich einen Tipp für Dein Buch geben."
Einen Tipp? Wo sich meine Söhne normal-
erweise für meine Arbeit interessieren wie fürs
Wetter in China? Mein Interesse war geweckt.
„Also", begann mein Sprössling, „ Du weißt
doch, dass die meisten Menschen meinen,
dass Psychologen nur deshalb Psychologie stu-
diert haben, weil sie selbst was an der
Klatsche haben". Meine Augenbrauen hoben
sich, ein Zeichen, dass ich in Kampfstellung
gehe, und so beeilte er sich fortzufahren. „Nun
ja, egal wie, aber ich denke, wenn Du schon
ein Buch schreibst, dann solltest Du nicht nur
irgendwelche Gute Nacht Geschichten
erzählen, sondern auch was Richtiges
schreiben". Mein Sohn schaute mich
erwartungsvoll an. Ich merkte, dass ich
langsam etwas die Fassung verlor, was meinen Sohn aber gar nicht zu kümmern schien.
„Ja. Halt irgendwas, was man versteht. Also
Tipps für 'ne gute Beziehung oder wie man mit
Liebeskummer fertig wird, halt so was in der
Art." Erwartungsvoll sah er mich an.

„Genau, wenn Du schon meinst, unbedingt ein Buch schreiben zu müssen, dann mach es wenigstens wie alle anderen: gib ein paar altkluge Statements und weise Ratschläge". Mein Puber-Tier (seit ich die gleichnamige Bücherreihe von Jan Weiler gelesen habe, liebe ich dieses Wortspiel) bekam Schützenhilfe von seinem Bruder. „Du blamierst uns ja sonst bis auf die Knochen vor unseren Kumpels, Mudda". „Das heißt Peers im Psychojargon, nicht wahr Muudi"? Damit verschwanden die beiden kichernd mit der ihnen eigenen Grazie einer trampelnden Büffelherde in ihre Zimmer.

„Gewisse Bücher scheinen geschrieben zu sein, nicht, damit man daraus lerne, sondern, damit man wisse, dass der Verfasser etwas gewusst hat."

Das soll Goethe mal gesagt haben. Ich möchte keinesfalls in diese Ecke gestellt werden, auch wenn meine Söhne anderes behaupten würden. Andererseits möchte ich natürlich auch keine Gefahr laufen, Anlass für künftig stattfindende Mobbingaktionen gegen meine armen, wehrlosen Kinder zu werden. Oder, was viel wahrscheinlicher wäre, als Alibi für jegliches künftiges Fehlverhalten meiner Söhne zu dienen. Mit Sicherheit würden sie bei jedem Bockmist, den sie künftig verzapfen würden, argumentieren, dieses sei ihnen nur passiert auf Grund ihrer Traumatisierung durch die vielen spöttischen Bemerkungen über ihre Mutter. Also im Grunde genommen seien sie völlig unschuldig und ich die Schuldige.

So habe ich beschlossen, Krümel das Feld und damit diese schwierige Aufgabe zu überlassen.....

Hey Leute,

da bin ich wieder. Ich habe also quasi das erste und das letzte Wort hier. Was ich gut finde und sehr weise von der Eva. Denn die hätte fürchterlich langweilig von irgendwelchen Einflussfaktoren und über Ausnahmen von Ausnahmen der Ausnahme gebabbelt. Ich bin da ganz anders.

Ihr habt doch bestimmt irgendwo schon mal den Spruch gehört: Jede Änderung beginnt bei sich selbst. Hört sich ziemlich abgehoben und auch blöd an. Ist aber nun mal wahr. Ich meine, die ganzen Fachleute haben ja Recht, wenn sie schreiben, dass zwei Dinge für eine dauerhafte Liebesbeziehung besonders wichtig sind, nämlich die richtige Nähe-Distanz Balance zu kriegen und den Partner so zu akzeptieren, wie er ist.

Und bestimmt hat man auch schon 1000 Untersuchungen gemacht, die ganz eindeutig gezeigt haben, dass Kommunikation untereinander und Konfliktfähigkeit wichtig sind. Gemeinsame Hobbies und Ziele sollte jedes Paar haben, trotzdem soll darüber hinaus aber auch noch jeder sein eigenes Ding machen. Also einen gemeinsamen Freundeskreis, aber die beste Freundin oder den besten Freund hat jeder für sich, gemeinsame Hobbies, aber auch Hobbies, die jeder nur für sich alleine hat und das alles in der richtigen Balance. Merken Sie was? Das ist nichts, was man gemeinsam in einem gemütlichen Wochenendseminar lernen kann. Da lernt man sein ganzes Leben nicht aus. Deshalb heißt es ja auch Beziehungs"Arbeit" und nicht etwa Beziehungs"Urlaub", hihi. Den kriegt man höchstens, und im Zweifelsfall lebenslänglich, wenn man seine „Arbeit" nicht getan hat. Doch weil niemand gerne in seiner wenigen freien Zeit arbeitet, und noch weniger gerne an sich selbst, sondern es möglichst stressfrei und schön haben will, suchen eben viele Paare, wenn die Beziehungs „Arbeit" sich irgendwann so angehäuft hat wie der Stapel ungespülten Geschirrs im Zimmer manches Heranwachsenden, lieber einen anderen Beziehungspartner. Das tun sie in der Annahme, der erledige die Arbeit quasi im Handumdrehen alleine. Die Chance, dass das eintrifft ist in etwa so hoch wie die Wahrscheinlichkeit, dass Evas bellender Hausgenosse sich bereits selbst Gassi geführt hat, wenn sie abends nach Hause kommt und nebenbei noch den Teppich staubsaugt, anstelle ihn täglich mit einer gewissen Wollust als unübersehbares Zeichen eines Hunde beherbergenden Haushaltes mit Haaren zu übersäen.

Natürlich glaubt niemand bewusst von sich, dass er dem anderen Partner die ganze Arbeit überlassen will. Nein, er geht ganz selbstverständlich davon aus, dass es mit dem richtigen Partner überhaupt gar keine Arbeit mehr geben wird. Wenn das keine „Anleitung zum Unglücklichsein" (ich hab mir jetzt mal den super Titel eines super Buches von Paul Watzlawick ausgeliehen) ist. Das ist ähnlich naiv wie die nicht totzukriegende Meinung einiger Mitmenschen, dass nicht haarende Hunde gar keinen Schmutz mehr verursachen *würden. Du kannst das eine doch nicht ohne das andere haben!*

Also halten wir fest, Ihr Lieben: wie alles im Leben hat auch die Liebesbeziehung zwei Seiten. Es kann wunderschön sein, einen Partner fürs Leben zu haben, aber es bedeutet eben auch, achtsam zu sein, sich selbst immer wieder zu hinterfragen und aus seiner Komfortzone heraus zu kommen. Spätestens, wenn die Honeymoon-Hormone versiegt sind, sprich die Phase der Verliebtheit zur Neige geht oder eine Krise ins Haus flattert, muss die Liebe mindestens genauso liebevoll gepflegt werden wie der Garten oder das gemeinsame Haus oder meinetwegen auch das neue Auto. Und eigentlich sogar noch mehr, wenn sie denn die Lebenszeit eines Autos überstehen will.

Mal ehrlich, alle drei Paare in unserer Geschichte hatten gar nicht so schlechte Voraussetzungen für eine lange glückliche Beziehung.

Krümel und Wuschel zum Beispiel hatten viele gemeinsame Interessen, jede Menge Spaß und die richtige Mischung aus Nähe und Distanz. Sie entwickelten gemeinsame Rituale wie z.B. ihr Gute-Nacht-Ritual, hatten das gemeinsame Ziel, ein eigenes Haus zu bauen, konnten sich sehr nah sein, aber ließen sich gegenseitig die Freiheit, die sie brauchten, um auch eigene Wege gehen zu können. Hört sich märchenhaft an, wie Peter Pan und Wendy im Nimmerland, nicht wahr? Aber der paradiesische Zustand hält ja auch da nicht lange an. Gibt's im Nimmerland den Captain Hook und das Krokodil, so gibt es in der realen Welt den Alltag und andere Hindernisse. Damit meine ich jetzt nicht unbedingt anstrengende Schwiegereltern oder ähnlich drohendes Ungemach, sondern eher den mehr oder weniger großen, meist gut versteckten inneren Kummerkasten mit all den unangenehmen Erfahrungen und Verletzungen, die jeder mit sich bringt. Und wie Peter Pan wollten die zwei kleinen Holzköpfe auch nicht erwachsen werden und ihre gut versteckten Verletzungen ans Tageslicht bringen, sondern verhielten sich weiterhin kindisch.

Hätten Krümel und Wuschel miteinander in einer Form geredet, die dem anderen verdeutlicht hätte, was jeder von ihnen braucht und sich vom anderen wünscht, statt nur alleine vor sich hin zu grummeln, was am anderen alles falsch sei, würde Krümel jetzt vielleicht nicht mit Wut und Trauer im Bauch auf der Wiese liegen, sondern noch immer mit ihrem Wuschel übers Küchenparkett sausen. Das Ende der Beziehung ähnelt dann ja auch einer Szene im Sandkasten, wenn zu zwei bockigen, schmollenden Kleinkindern ein drittes dazu kommt, das einem der beiden Sandkastenhocker ein Förmchen hinhält. Schwupps, ist für einen der Streithähne ein neuer Spielkamerad gefunden. Das andere wird je nach Temperament und bisherigen Erfahrungen versuchen, wieder "ins Spiel zu kommen, sich traurig zurückziehen oder wütend jede Menge Sand auf sämtliche sich in der Nähe befindenden Köpfe, unter Umständen sogar auf dem eigenen, verteilen. Manchmal fliegt sogar die Sandschaufel hinterher. Ich muss das jetzt nicht weiter ausführen, Sie können es sich sicher vorstellen, oder?

Herr und Frau Schuh wären vielleicht immer noch ein Paar Schuhe, wenn sie die Fähigkeit gehabt hätten, innerlich einen Schritt zurück zu treten, um aus einer gewissen Distanz zu schauen, was ihre eigenen Anteile an der Unzufriedenheit sind. Herr Schuh hätte sich dann vielleicht fragen können, was ihm denn einst an der praktischen, hilfsbereiten Frau Schuh so gefallen hat. War es nicht genau das, was ihm später an ihr so missfiel? Suchte er vielleicht nur unbewusst einen Grund, warum er nicht selbst aktiv werden musste, um sein Leben wieder aufregend zu machen? Und Frau Schuh hätte vielleicht sehen können, dass genau da, wo die eigenen Stärken liegen immer auch die eigenen Schwächen zu Hause sind. Das Praktische hat als dunkle Schwester gerne die Bequemlichkeit und die Hilfsbereitschaft hat oft die Angst vorm Liebesentzug im Schlepptau.

Kommunikationstechnisch waren sie auch `ne Katastrophe, so dass ihr Versuch zum Schluss, ihre Beziehung zu klären, wohl eher eine Schlacht war, die sie vor Jahren wahrscheinlich mit einer ganz anderen Person hätten führen müssen. Was ich damit genau meine, kann Euch die Eva später erklären. So war die Aussprache höchstens noch ein Alibi fürs eigene Gewissen, nach dem Motto: Haben wir nicht alles, alles versucht?

Adler und Löwin sind an einer Krise gescheitert. Sie hatten das große Kunststück vollbracht, trotz ganz unterschiedlicher Eigenschaften und Interessen, den andern so zu akzeptieren, wie er ist und ihre Unterschiedlichkeit sogar als Gewinn zu sehen. Das Meistern ihrer Unfälle hätte sie noch mehr zusammen schweißen können. *Tja, aber leider hatten sie ebenfalls ihre Hausaufgaben nicht gemacht. Wer Krisen gemeinsam meistern will, sollte sich vorher schon mal seine eigenen Schwachstellen angeschaut haben.* Also ich meine, *Schwächen hat jeder und man sollte sie auch liebevoll annehmen, aber es tut nicht gut, sie auch noch zu hätscheln und umsorgen, nur um in seiner Komfortzone zu bleiben.*

Wenn zum Beispiel unser Adler den Mut gehabt hätte, wieder mit dem Fliegen zu beginnen, so wäre die Geschichte für die beiden wohl besser ausgegangen. Hätte andererseits aber die Löwin dem Adler nicht alle Aufgaben abgenommen, wäre dem Adler irgendwann nichts weiter übrig geblieben, als sich wieder in die Lüfte zu schwingen. Woran lag es also, dass die Löwin die Abhängigkeit ihres Partners so lange unterstützt hat? War das wahre Liebe oder etwa Angst, nur geliebt zu werden, wenn man sich nie abgrenzt, nie Nein sagt?

Deshalb hat ein kluger Mensch, ich weiß leider nicht mehr den Namen, mal gesagt: „Ich kann erst mit Dir gehen, wenn ich auch ohne Dich gehen kann". *Ich würde noch hinzu setzten:* „Wenn ich gut und ganz zufrieden alleine *gehen kann". Denn dann will ich vielleicht einen gewissen Menschen als Partner in mein Leben lassen, aber ich brauche ihn nicht mehr zum Glücklich sein. Das ist doch ungeheuer erleichternd, wenn nicht mehr solche unerfüllbaren Erwartungen*

Ja Leute, `ne gute Beziehung braucht viel Pflege, einen kritischen aber liebevollen Umgang mit sich selbst und irgendwann mal die eindeutige Entscheidung für einen Partner. Und dazu muss man sich ganz klar machen: den kriegt man nur als „ganzes Paket", also auch mit seinen schlechten Seiten.

Also dranbleiben Leute!

Eure Krümel

Eine Sache möchte ich gerne noch etwas mehr erläutern, die Krümel , schnodderig wie sie manchmal ist, als „Schlacht" zwischen unserem Ex -Paar Schuh beschrieben hat. Wenn Streit in einer Beziehung eskaliert, er für Außenstehende total unlogisch erscheint, wenn Partner scheinbar plötzlich „ein ganz neues Gesicht" zeigen (gerne wird dann vereinfachend behauptet, sie zeigten ihr „wahres Gesicht"), so können Sie in fast allen Fällen davon ausgehen, dass hier zwei Menschen Themen aus ihrer Vergangenheit „neu auflegen". Wir alle haben viele Persönlichkeitsanteile in uns, so auch ein als „inneres Kind" beschriebener Anteil, der vor allem Gefühle, die wir als Kind erlebt haben, beinhaltet. In der Kindheit hatten wir schöne, aber auch unangenehme, uns verletzende Erlebnisse, mit denen wir als Kind nicht umgehen konnten. Sie sind uns gemeinsam mit den damals erlebten Gefühlen in der Regel nicht mehr bewusst. Wir haben sie verdrängt, um uns zu schützen. Solche Verdrängung braucht aber Kraft, und zudem werden selten nur problematische, sondern alle, auch die schönen, guten Gefühle des „inneren Kindes" verdrängt. Je mehr wir also diese Erinnerungen blockieren, umso weniger fühlen wir uns „lebendig".

Partner bringen uns oft dazu, dass wir unsere inneren Kinder" wieder hervorholen. Das kann sehr schön sein, wenn wir dann ausgelassen und lebensfroh, „wie die kleinen Kinder", miteinander umgehen können. In diesen Phasen, zum Beispiel am Anfang einer Beziehung, fühlen wir uns deshalb oft total glücklich und ganz und gar lebendig. Es gibt aber in jeder Beziehung früher oder später Situationen, in denen wir an frühere Verletzungen erinnert werden. Dann drängen die damals empfundenen Gefühle wie Angst, Ohnmacht, Wut, Scham oder dergleichen wieder an die Oberfläche. Haben wir uns nie mit diesen verdrängten, schmerzenden Anteilen in uns beschäftigt, so sind die Gefühle immer noch genau so heftig und uns total überflutend, wie damals, als wir noch Kinder waren. Vermischt mit Gefühlen aus der aktuellen Situation entsteht ein brodelnder Vulkan voll negativer Energie, der uns eine objektive Sicht unmöglich macht.

So kann eine Beziehungskrise dann wie bei den „Schuhs" in gegenseitigen Vorwürfen und Beschuldigungen enden, die den Prozess immer mehr anheizen, anstatt den Konflikt auf Erwachsenenebene zu lösen. In manchen Fällen führen solche nicht geheilten Anteile sogar dazu, dass Menschen nach einer Trennung versuchen, den früheren Partner zu „vernichten", selbst wenn sie selbst oder gemeinsame Kinder, die sie vielleicht haben, Schaden nehmen. Es ist also durchaus ratsam, sich seine eigenen Verletzungen anzuschauen, um mit dem Partner konstruktiv streiten zu können.

Wenn Sie mich jetzt fragen, ob Sie eine Garantie auf eine lange, erfüllende Liebesbeziehung haben werden, wenn Sie all die oben genannten Fähigkeiten beherrschen, so muss ich leider mit einem ganz klaren „Nein" antworten. Nicht nur, weil es keine Garantien im Leben gibt, und wir alle mehr oder minder ohne Netz auf unserem Lebensweg wandern oder balancieren, sondern, weil es zu einer Beziehung eben zwei Menschen braucht. Aber Sie haben zumindest gute Chancen, dass Sie sich schneller wieder aufrappeln werden, wenn Sie irgendwann mal eine Trennung durchleben müssen und die ungemein erleichternde Sicherheit, sich auch als Single vollständig zu fühlen und jede Menge Spaß haben zu können. Sie können sich die Zeit nehmen, die Sie brauchen, statt sich aus einem Gefühl des Mangels heraus vorschnell in eine neue Beziehung begeben zu „müssen".

Und bevor Sie mich fragen: Nein, ich sehe mich nicht als Lehrmeisterin für Liebes-beziehungen oder als Coach, die sich bereits alle beschriebenen Fertigkeiten und Eigenschaften fleißig im Schweiße ihres Angesichts erarbeitet hat.

Genau wie Sie selbst vermutlich auch, bin ich aber auf meinem Weg.

Ich habe Ihnen eine Literaturliste mit Büchern zusammengestellt, die meiner Meinung nach sehr gut und ausführlich mit praktischen Tipps oder Übungen auf erfolgreiche Beziehungen eingehen. Auch für diejenigen unter Ihnen, die noch unter Liebeskummer leiden, habe ich zwei Bücher herausgesucht. Lassen Sie sich Zeit für Ihre Trauer. Sie ist ein zyklischer Prozess, d.h. es werden gerade zu Beginn immer wieder Tage und Zeiten geben, in denen es Ihnen schlechter geht und Tage, in denen es besser läuft. Es tut gut, diese Gefühle bewusst wahrzunehmen und zuzulassen. Was genau fühle ich? Wo im Körper spüre ich es? Was denke ich dabei?

Schon mit der Beantwortung der Fragen gewinnen Sie eine gewisse Distanz zu Ihren Emotionen. Nehmen sie sich aber, evtl. mit Ausnahme der ersten Tage oder Wochen, immer auch bewusst Auszeiten von der Trauer. Zeiten, in denen Sie tun, was Sie wieder gerne tun werden, wenn Sie wieder fröhlich sind, wenn es Ihnen wieder gut geht. Sie werden sehen, auch wenn Ihr Verstand und Ihr Herz das noch nicht wollen: Ihr Körper erinnert sich an die Tätigkeiten, die Sie lieben, und es wird

Ihnen hinterher zumindest für eine Weile besser gehen.

Ich wünsche Ihnen noch viele Gelegenheiten zum Lernen, Menschen, die Ihnen helfen, wieder aufzustehen, wenn Sie fallen, die Kraft, weiter zu gehen, Liebe, Hoffnung und Zuversicht und nicht zuletzt: Haben Sie viel Spaß auf Ihrer Entdeckungsreise durchs Leben, auch wenn Sie dann und wann in Sackgassen geraten oder Umwege wählen! Und geben Sie sich selbst die Möglichkeit, immer wieder Glücksmomente auf Ihrem Lebensweg zu sammeln.

Ihre Eva Maria Wolf

Die eigentliche Bedeutung der Entdeckungsreise liegt nicht darin, neue Landschaften zu finden, sondern darin, sie mit neuen Augen zu sehen. –
Marcel Proust

LITERATUREMPFEHLUNG

Es gibt eine Vielzahl von Ratgebern rund um die Themen Paarbeziehung, Liebe, Trennung und Neuanfang, die hier gar nicht alle genannt werden könnten, ohne das Buch zum dicksten Wälzer aller Zeiten zu machen. Darunter gibt es eine ganze Reihe sehr guter Bücher, die meines Erachtens wirklich neue Denkanstöße geben.

Sie alle aufzuzählen würde aber vermutlich immer noch mehr Platz in Anspruch nehmen, als der ganze übrige Inhalt des Büchleins. Ich beschränke mich daher auf eine kleine Auswahl Büchern, die mir, ebenso wie deren Autoren, mittlerweile sehr ans Herz gewachsen sind, und von denen ich glaube, dass sie Ihnen wirklich etwas mit auf Ihrem Weg zu geben haben.

Hans Jellouschek

Psychologe, Psychotherapeut und Lehrtherapeut für Transaktionsanalyse, der gemeinsam mit seiner Frau ein Seminarhaus leitet. Ein Urgestein der Paartherapie. Ich liebe seine Analysen bekannter Märchen aus paartherapeutischer Sicht.

---Liebe auf Dauer. Januar 2010

---Wie Partnerschaft gelingt - Spielregeln der Liebe: Beziehungskrisen sind Entwicklungschancen. August 2007

---Märchenhaft lieben. August 2008

---Die Kunst als Paar zu leben. 2005

---Im Irrgarten der Liebe. Dreiecksbeziehungen und andere Paarkonflikte. 2012

Michael Mary

Das erste Mal habe ich von ihm Notiz genommen, als er so um die Jahrtausendwende herum in Funk und Fernsehen mit seinem Bestseller „5 Lügen, die Liebe betreffend" ein kleines Erdbeben auslöste mit seiner These, dass hohe Intimität bzw. Vertrautheit und leidenschaftlicher Sex nur in den wenigsten Fällen zusammen auftreten, es in einer funktionierenden Langzeitbeziehung also andere wichtige Werte geben muss. Er entwickelte die

Arbeitsweise der „erlebten Beratung" und hat, so meine Ansicht, dadurch schon die Bedeutung des emotionalen und körperlichen Erlebens in einer Therapie zu einer Zeit erkannt, in der die meisten Therapeuten nur die Gedankenwelt des Klienten im Fokus hatten.

--- Lebt die Liebe, die ihr habt: Wie Beziehungen halten. 2008

---Wo bist du und wenn nicht wieso?- Wie Sie den passenden Partner finden, ohne ihn zu suchen. 2011

David Richo

Psychotherapeut und sehr populärer Autor aus den USA. Auf ihn aufmerksam wurde ich durch sein tolles Buch: Fünf Dinge, die wir im Leben nicht ändern können und das Glück, das daraus entsteht. Psychologische Erkenntnisse, spirituelle Weisheiten und praktische Übungen. In seinen Büchern spricht er Denken, Fühlen und Handeln an.

---Reif werden füreinander: Wie man in Beziehungen erwachsen wird - Die fünf Dimensionen authentischer Liebe. 2009

Peter Bartning

Heilpraktiker für Psychotherapie, Familientherapeut und Supervisor, der sich nicht nur viel mit dem „Inneren Kind" beschäftigt hat, sondern in seiner „Praxis für Beziehungsheilung" Paaren dieses Konzept näher bringt, so dass sie ihre Konflikte besser verstehen und lösen können.

--das Innere Kind in der Paarbeziehung. 2016

--auf dem Weg mit dem Inneren Kind. 2015

Zum Thema „Verarbeitung von Trennung und Trauer" finde ich diese zwei Bücher besonders gelungen:

Verena Kast : Sich einlassen und loslassen- Neue Lebensmöglichkeiten bei Trauer und Trennung. 2000.

Doris Wolf: Wenn der Partner geht: Trennungsschmerz und Liebeskummer bewältigen.2000

**Zum Thema „förderliche Kommunikation"
möchte ich Ihnen folgende Bücher empfehlen:**

Paul Watzlawick: Anleitung zum Unglücklich sein. .
2009

Marshall Rosenberg: Gewaltfreie Kommunikation.
Eine Sprache des Lebens. 2012

Weitere Literaturempfehlungen, auch zu
anderen Themen, finden Sie auf meiner
Homepage: www.evamariawolf.de

*„Freilich: bloße Verliebtheit macht irgendwie blind;
echte Liebe jedoch macht sehend.*

"(Viktor Frankl)

6 DANKSAGUNG

Wenn man ein Buch schreiben möchte, braucht man die Hilfe von wohlmeinenden Mitmenschen, selbst wenn es sich um ein so überschaubares Exemplar handelt wie das meine. In besonderem Maße gilt das natürlich für einen absoluten Neuling wie mich.

Es gibt also zahlreiche Menschen, denen ich zu danken habe:

-meiner allerbesten Freundin, die einfühlsamste Psychologin diesseits des Rheins, die ich immer darum bitten konnte, mir einen Text Korrektur zu lesen. Sollten sich noch Fehler eingeschlichen haben, so habe ich sie beim nachträglichen Ändern von Textpassagen eingebaut.

- meinen Jungs, die liebsten Lieblingsmenschen meines Lebens, dass ich sie im Buch karikieren durfte.

-dem Vater meiner Kinder, dem besten Analytiker und „Fragensteller" in und um Mainz herum, für seine Hilfe beim Layout.

-den Menschen, die mich zum Schreiben ermutigt haben, insbesondere meiner Kollegin, mit der ich zusammen Seminare gebe. Leute, sie ist eine der besten Heilpraktikerinnen, die ich kenne.

- allen Menschen, die sich im Laufe meines Berufslebens ratsuchend an mich gewendet haben. Sie haben mir mit ihrem Vertrauen nicht nur ein Geschenk gemacht, sondern ich durfte auch durch sie lernen.

-und last not least danke ich einem für mich ganz besonderen Menschen, der mir ein sehr guter Lehrer war. Ohne ihn wäre dieses Buch vielleicht nicht geschrieben worden.

DANKE EUCH ALLEN!

Es gibt keine andere vernünftige Methode des praktischen Lehrens als Vorbild zu sein. Wenn es nicht anders geht, ein abschreckendes.

(in Anlehnung an Einstein).